Ingeborg Wolf
Integrale Spiritualität

Ingeborg Wolf

Integrale Spiritualität

Eine kurze Einführung

Edition Logos
Frankfurt 2008

Ingeborg Wolf:
Integrale Spiritualität - Eine kurze Einführung/
Ingeborg Wolf.-
Edition Logos Albert Sellner, 2008
ISBN-13   978-3-934429-14-7
ISBN-10   3-934429-14-9

Bezug: Edition Logos Albert Sellner, Offenbacher
Landstr. 368, 60599 Frankfurt,
Tel. 069 264957-96/ Fax: -97
email: ASellner@antiqfrankfurt.de
website Verlag: www.edition-logos.de
website Autorin: www.ingeborg-wolf.de

Lektorat: Martina Stauß, Würzburg

Direktbezug auch über:
Buchhandlung@Benediktushof-Holzkirchen.de,
Tel. 09369 98 38-43

Inhalt

1. Allgemeine Übersicht

Spiritualität unterliegt einem evolutionären Prozess. Wie die Natur, der Geist, die Wissenschaft und andere Bereiche des menschlichen Lebens, entwickelt sich auch das menschliche Bewusstsein im Laufe der Evolution weiter.

So sprechen wir in der Reihenfolge vergangener Epochen von einer archaischen, magischen, mythischen, rationalen und mentalen Entwicklungsstufe des Menschen.

Die Integrale Spiritualität wird auf diesem Kontinuum als die nächste Evolutionsstufe der geistig-spirituellen Entwicklung der Menschheit betrachtet.

Was ist nun das Besondere daran?

Integrale Spiritualität ist bestrebt, das gesamte potentielle Menschsein, alle im Menschen angelegten Möglichkeiten des Körpers, des Geistes, der Seele und des Bewusstseins zu entwickeln, zu integrieren und hier auf Erden, in dieser Dimension von Zeit und Raum, zu leben.

Integrale Spiritualität hat mit allen spirituellen Wegen gemeinsam, dass auch sie uns in eine Bewusstseinsdimension führt, die als transmental, transrational oder auch nondual bezeichnet wird.

Ihr Ziel ist der integrale Mensch, der bestrebt ist, all seine in ihm schlummernden Fähigkeiten und Potentiale zu entwickeln und zu verwirklichen, um immer mehr ganz Mensch zu werden – ein Mensch, wie er gemeint ist, wenn Christus sagt:

„Seid vollkommen, wie euer Vater im Himmel vollkommen ist".

Ein vollkommener Mensch also nicht im Sinne einer moralischen oder ästhetischen Größe, sondern ein aus seiner inneren Fülle heraus lebender Mensch.

Viele Menschen gehen heute bereits einen solchen integralen spirituellen Weg.

Die integrale Idee findet sich bereits bei Jean Gebser („Ursprung und Gegenwart"), bei Sri Aurobindo („Der Integrale Yoga/Vom Göttlichen Leben"), bei Assagioli („Psychosynthese"), bei Teilhard de Chardin, Lessing, Hegel und anderen zeitgenössischen Philosophen, Psychologen, Spirituellen und Mystikern.

In besonderem Maße hat Ken Wilber, der große Denker, Spirituelle und Philosoph, diese Idee in den letzten Jahren aufgegriffen und weiterentwickelt.

Er hat das Wissen der Menschheit strukturiert und zu einem System zusammengefasst, das er an einer Stelle seines Buches „Integrale Spiritualität" als die „Landschaft des Menschen" bezeichnet.

Dieses System gibt uns unter anderem einen differenzierten Überblick über die verschiedenen Lebensbereiche des Menschen – und damit eine Orientierung und Richtschnur für eine integrale Entwicklung, in der die menschlichen Entfaltungsmöglichkeiten erkannt und miteinander in Einklang gebracht werden können.

Einen hohen Stellenwert hat dabei die „Integrale Lebenspraxis", deren Anliegen es ist, durch gezielte Impulse, Übungen und Anleitungen für diese verschiedenen Lebensbereiche, das menschliche Sein zu erweitern und zu vertiefen und die erlangten Fähigkeiten, Erkenntnisse und Erfahrungen auch im Alltag lebbar zu machen.

Ein an Integraler Spiritualität ausgerichtetes Handeln wirkt auf jeden nur denkbaren Lebensbereich ein sei es Wirtschaft, Politik, Beruf, Privatleben oder das weite Feld zwischenmenschlicher Beziehungen.

Integrale Spiritualität als spiritueller Weg

Meine integrale Arbeit richtet sich an Menschen, die auf der Suche nach dem Sinn ihres Lebens, ihrem Göttlichen Ursprung und nach sich selbst sind und denen im Rahmen ihrer spirituellen Entwicklung auch an einer umfassenden Entwicklung ihres gesamten Menschseins gelegen ist.

Der spirituelle Weg, die Erkenntnis des allem zu Grunde liegenden Seins und die damit verbundene Erfahrung und Erkenntnis des eigenen Wesensgrundes, hat in meinem Leben und meiner Arbeit einen zentralen Stellenwert.

Es ist mir ein Anliegen, andere Menschen in und durch diese Erfahrungen und Erkenntnisse hindurch zu begleiten.

Die meisten von ihnen haben bereits meditative Erfahrungen auf einem der großen spirituellen Wege (Kontemplation, Zen, Yoga, Kabbala, Sufismus) oder in den spirituellen Übungen anderer Religionen gesammelt und erkennen die Bedeutung und Wichtigkeit einer Integration ihrer Spiritualität in den gelebten Alltag.

Sie wünschen sich deshalb eine solche „Erweiterung ihres Seins", einen integralen Ansatz für ihr Leben.

Andere wiederum wollen von Anfang an den Integralen Weg gehen und haben noch wenig Meditationserfahrung.

Dadurch, dass die Integrale Spiritualität ohne ein bestimmtes Glaubenssystem gelehrt werden kann und dabei nicht gezielt auf eine spezielle spirituelle Lehre und deren Rituale Bezug genommen wird, ist sie transkonfessionell. Wer sich dafür interessiert, kann aber durchaus einer Konfession angehören oder sein eigenes Glaubenssystem einbringen – und sich damit willkommen fühlen.

Traditionelle spirituelle Wege sind meist bestrebt, in hohe Bewusstseinsdimensionen zu führen – und schenken dabei oftmals den körperlich-seelischen Bedürfnissen des Menschen keine Beachtung.

Man bezeichnet dieses Phänomen auch als „Gang in die Vertikale".

Auf einem solchen Weg ist die spirituelle Vervollkommnung das Ziel.

Die Ebene der Sinne und des Körpers, die „Horizontale", wurde in der Vergangenheit – oftmals sogar durch Kasteiung des Körpers unterdrückt und wird zum Teil heute noch als auf dem spirituellen Weg hinderlich betrachtet.

Das Resultat ist häufig eine ungute Spaltung von Körper, Seele und Geist.

Integrale Spiritualität versucht, die gesamte Bandbreite des Lebens, die Horizontale und die Vertikale, miteinzubeziehen und anzunehmen. Denn Körper und Materie werden als Form des Höchsten Seins betrachtet.

Im Zen heißt es: „Form ist Leere-Leere ist Form".

2. Die vier Grundpfeiler der Integralen Spiritualität

1. Erfahre, wer du bist
2. Sei, was du bist
3. Lebe, was du bist
4. Teile mit allen Wesen

In der Ausrichtung auf diese existenziellen Zielsetzungen (und im Sinne der „Spirituellen Entwicklungslinien" des Systems Wilber) begleite ich Menschen in den transpersonalen Raum, in die Erfahrung des Höchsten Seins (Gott, Tao, Brahman, Allah, Quantenpotential) und in einen von der Integration dieser Erfahrungen und Erkenntnisse geprägten und um die Potentiale von Körper, Geist und Seele bereicherten Alltag.

Der erste Pfeiler:
Erfahre, wer du bist – erfahre und erkenne durch meditative Übung dein Wahres Selbst

Die Erfahrung dessen, was ich zutiefst in meinem Inneren bin, wird möglich durch das regelmäßige Praktizieren der meditativen Übung, in deren Verlauf viele der existenziellen Lebensfragen beantwortet werden können:
Woher komme ich? Wohin gehe ich? Was bleibt von mir, wenn ich mich nicht mehr über meine Verhaltensmuster, Wert- und Moralvorstellungen, Leistungen Beziehungsmuster oder meinen sozialen Status definiere?

Der spirituelle Weg ist für die Beantwortung der Frage, wer wir wirklich sind, von zentraler Bedeutung.
Viele Menschen besuchen meine Kurse, weil sie – oft bedingt durch Schicksalsschläge, Krankheiten, allgemeine Verlorenheit im Leben oder eine andere Form von menschlichem Leid – auf der Suche nach einem (neuen) Sinn für ihr Leben sind.
Durch die Klärung der Grundfragen des Lebens durch spirituelle Erfahrungen können sowohl eine neue „Sinnfindung" als auch eine hohe Motivation für die positive Veränderung der eigenen Lebens- und der gesamten Menschheitssituation erreicht werden. Durch die spiri-

tuelle Erfahrung der All-Einheit verändern sich die persönlichen Sicht- und Verhaltensweisen gegenüber dem näheren Lebensumfeld ebenso wie gegenüber der Welt als Ganzes.

Kehre Dich nach innen
Bis dorthin, wo nichts besteht
Und achte darauf
Dass du nichts einlässt
Dringe in deine Tiefe ein
Bis dorthin, wo kein Gedanke besteht
Und achte darauf
Dass sich keiner erhebt
Wo nichts ist, ist Fülle
Wo nichts mehr zu sehen ist
Die Schau des Seins
Wo nichts mehr erscheint
Die Erscheinung des wahren Selbst

(Sri Gnanananda)

Die Methode des spirituellen Weges ist – wie die Grundmethode fast aller mystischen Wege – die gegenstandslose Meditation.
In der Integralen Spiritualität wird sie, wie bereits erwähnt, ohne Bezug zu einer Religion, deren Glaubenssystem oder deren Ritualen, also transkonfessionell gelehrt.

Gegenstandslose Meditation führt – durch die Methoden der Bewusstseins-Vereinheitlichung (durch den Fokus auf den Atem, ein Wort oder Mantra) oder Bewusstseins-Erweiterung (durch das Schauen in den leeren Bewusstseinsraum) – in das transpersonale Bewusstsein jenseits der Gedanken und Gefühle.

Wenn ich in der Hingabe an eine dieser Übungen, in der Ausblendung der Gefühls- und Verstandestätigkeit erkenne, dass ich meine Gefühle und Gedanken nicht bin, dass sie nur Werkzeuge zur Gestaltung meines Lebens sind, kann ich ihre Kraft nutzen, um mein Leben mitzuerschaffen.

Weil ich dadurch Mitgestalterin/Mitgestalter im großen, kosmischen Netz des Lebens bin, wird es in Zukunft darum gehen, Meisterin/Meister meiner Gedanken, Gefühle und meines Bewusstseins zu werden – und dessen Manifestationen zu realisieren.

Wenn ich durch konstante Übungspraxis erkenne, dass mein Zuhause die weite Leere, die volle Fülle des Seins und aus der höchsten Intelligenz gespeistes, andauernd schöpferisch tätiges Licht und Liebe ist – dann lebe ich auch als einzigartiges, einmaliges Wesen dieser Schöpfung und fühle mich in meinem Leben mit genau den Aufgaben und Geschenken, die allein mir gegeben sind, am richtigen Ort.

So sagt Jesus:

„Komm mit auf einen hohen Berg und ruhe ein wenig aus; siehe, ich mache alles neu".

Die Erfahrung dieses „Neuen" auf dem spirituellen Weg ist schwer zu beschreiben. Die Literatur spricht von „Erleuchtung" oder vom „Erwachen".

Erwacht ist, wer sich der Tiefe seines Höchsten Seins bewusst geworden ist und erfahren hat, dass er dieses Höchste Sein selbst ist.

Ein solcher Mensch hat sein begrenztes Ichbewusstsein gesprengt und in das absolute Bewusstsein hinein ausgedehnt. Er beginnt im Höchsten Sein ruhend die Welt der Erscheinungen und die Aktionen seines Geistes mit Gelassenheit zu betrachten. Er hat die Konditionierungen des Denkens hinter sich gelassen und kann sich nach Bedarf von Gedanken und Gefühlen frei machen.

Seine Wahrnehmung ist unmittelbar, die Phänomene werden nicht mehr durch gewohnte Interpretationsmuster oder eigene emotionale Betroffenheit verzerrt.

In einem bestimmten Stadium haben erleuchtete Menschen die Fähigkeit, eine solche erweiterte Wahrnehmung nicht nur im Wachzustand, sondern auch im Traum- oder Schlafzustand zu halten. „Erwachen" hat also verschiedene Tiefen: es kann nur für Augenblicke oder Phasen stattfinden oder andauern.

Voll erwachte Menschen können im Sein (im Zustand Absoluten Bewusstseins) oder Nichtsein (in der Welt der Realität) leben.

So heißt es in der Bibel:

„Christus war in der Welt, aber nicht von der Welt".

Die Überlieferungen von spirituellen Erfahrungen sind unterschiedlich, ihre Interpretation ist vom jeweiligen Glaubenssystem, vom Gedankengut des jeweiligen Menschen und vom Kontext, in dem dieser lebt, abhängig. Auch die Bewusstseinebene und Entwicklungsstufe, auf der sich ein Mensch befindet, beeinflusst die Erfahrung jede/ jeder kann nur durch die eigene Brille sehen.

Dies soll aber nicht verwirren, denn die der integralspirituellen Entwicklung zu Grunde liegenden Erfahrungen – die Erfahrung der Einheit mit allen Wesen, die Erfahrung von Licht (oftmals begleitet von Tönen und Farben), Liebe und Leere, die frei ist von jeglichen sichtbaren Phänomenen oder Materie – decken sich mit den Beschreibungen vieler anderer spiritueller Wege.

Auf allen spirituellen Wegen haben Ekstasen und Visionen (etwa von Buddha, Christus oder anderen Wesen) oder Verzückungen keine Bedeutung.

Der zweite Pfeiler:
Sei, was Du bist – integriere, werde und sei deine Erfahrungen und Erkenntnisse

Etwas zu sein bedeutet nicht, etwas zu machen oder aus zweiter Hand zu wissen.

Das Sein von dem hier die Rede ist, ist vielmehr eine besondere Art von Präsenz im Leben, die dadurch entsteht, dass wir die uns während der spirituellen Übung geschenkten Erfahrungen und Erkenntnisse in die verschiedenen Schichten unserer Persönlichkeit, in Körper, Geist und Seele integrieren.

Die innere Ausrichtung des zweiten Pfeilers hat diese Integration der im Menschen angelegten Entwicklungslinien und Bewusstseinsstufen zum Ziel. Dabei wird das begrenzte Ichbewusstsein gesprengt und ein innerer und äußerer Wandlungsprozess setzt ein.

Unser Leben ist größtenteils eine Reaktion auf ein Außen, das uns zu einem reaktiven Verhalten veranlasst auf welches dann wiederum andere Menschen reagieren. Wir sind gefangen in dieser Kette von „actio und reactio", den Gesetzen von Ursache und Wirkung. Dadurch wird unsere Bewusstseinsenergie zerstreut was uns immer weiter von unserem inneren Wissen entfernt und eine bewusste und freie Gestaltung unseres Lebens schwierig macht.

Lernen wir aber, aus unserem Sein, unserer Wesensnatur heraus zu leben, dann leben wir mit voller Kraft und Liebe in jedem Augenblick als bewusste Schöpferin/bewusster Schöpfer unseres Lebens – im Hier und Jetzt.

Diese Präsenz im Hier und Jetzt will in der Meditation geübt werden.

So lernen wir dabei beispielsweise, aus der Vergangenheit auftauchende Inhalte ohne Bewertung „stehen zu lassen", ohne sie zu verdrängen, und uns nicht bei Ideen oder Illusionen von einer bestimmten nahen oder fernen Zukunft aufzuhalten.

Das bedeutet, dass wir das annehmen, was jetzt da ist.

Wenn die Lernprozesse, die uns unser Leben oftmals in Form von Leid, Krankheit Schicksalsschlägen oder anderen Belastungen anbietet, durchlebt und ihre Erkenntnisse in unser geistig-seelisches Gefüge integriert sind, wird bis dahin gebundene Bewusstseinsenergie frei.

Dieser Vorgang erweitert wiederum das Bewusstsein und macht unser Leben reicher.

Auch aus schweren Phasen, wenn Hindernisse und Blockaden aus tiefen Schichten unseres Unterbewusstseins aufbrechen, erwachen wir immer ein Stück mehr zum vollen Sein, zur Fülle und Weite der Wirklichkeit, die hinter der eigenen Person und jenseits des Verstandes liegt und damit zu mehr Klarheit und Zufriedenheit in unserem Leben.

Die wachsende existenzielle Erkenntnis der Enge unserer Ich-Persönlichkeit als einem Konstrukt aus Gefühls-, Denk- und Verhaltensmustern (ich tauge nichts/Sicherheit ist im Leben das Wichtigste/ich muss immer die Verantwortung tragen…) macht uns zunehmend freier. Und so geht es darum, die in der inneren Ausrichtung auf ein umfassenderes Sein wachsende Weisheit, Liebe, Freude und Achtsamkeit, dieses Bewusstsein von mir und der Welt, nicht zu denken oder zu machen, sondern zu sein. Dieses „Werden zum Sein" braucht Zeit.

Jack Kornfield berichtet in seinem Buch „Das Tor des Erwachens":

„Einige Monate nach der spirituellen Ekstase bekam ich eine Depression. Obwohl mir die Wahrheit meiner großen, spirituellen Erfahrungen bewusst war und mich innerlich trug, musste ich erfahren, dass sich äußerlich vieles überhaupt nicht geändert hatte…mein Geisteszustand und mein Charakter waren fast unverändert und meine Neurosen auch…da waren die kosmischen Offenbarungen, und trotzdem brauchte ich eine Therapie, damit ich meine alltäglichen Fehler erkannte und ein menschliches Leben führen lernte…"

Um zu sein, was wir in Wirklichkeit sind Abbild des Höchsten Seins um diese unsere wahre Identität zu finden, müssen wir auch vorhandene dunkle Aspekte unserer Seele und unseres Charakters annehmen und mit Hilfe von bewussten Lernerfahrungen auflösen. Das gilt vor allem für Schuldkomplexe, alte Leidens- und Schmerzprogramme und Ängste.

Uns begegnen im Leben immer wieder die Themen oder Konflikte, die wir „bearbeiten" sollten seien es für uns problematische Situationen, Angriffe auf unsere Person oder unser eigenes negatives Handeln.

Lebenssituationen oder Menschen spiegeln uns selbst wider, zeigen uns unseren Schatten und damit, was wir zu bereinigen und verändern haben. Es gilt, unsere dunklen Seiten anzuschauen, anzunehmen, in Liebe zu integrieren und durch unsere helle, lichte Seite zu „neutralisieren".

Wer versucht, nur dem Wahren und Guten zuzustreben, ohne sich seinem Schatten zu stellen, grenzt wichtige Anteile seiner Persönlichkeit aus. Er beraubt sich damit auch seiner Möglichkeiten zu lernen – was zu einer Spaltung der Persönlichkeit und zu einer verstärkten Polarität im Sinne einer Vertiefung der Trennung von Innen und Außen führen kann.

Alle Aspekte unserer Persönlichkeit müssen angenommen werden, damit wir uns nicht von unserem wahren Wesenskern entfernen.

Sri Aurobindo schreibt dazu:

„Die spirituelle Evolution folgt der Logik einer schrittweisen Entfaltung. Sie kann einen entscheidenden neuen Schritt erst dann tun, wenn die vorausgehende Hauptstufe wirklich in Besitz genommen wurde. Selbst wenn gewisse Zwischenstufen wegfallen oder kleine Stufen übersprungen werden, muss sich das Bewusstsein dann doch zurückwenden, um sicherzustellen, dass die bewältigte Strecke wirklich ganz in die neue Verfassung eingegangen ist."
(Aurobindo, Vom Göttlichen Leben)

Diesen Prozess von Leben, Lernen und Lassen als Lebensaufgabe annehmen zu können, ist wahre Lebenskunst.

Der dritte Pfeiler:
Lebe, was du bist – realisiere das gesamte Potential deines Menschseins

Um zu leben, was ich bin, muss ich meine Fähigkeiten (meine Liebesfähigkeit, meine Kreativität, meine besonderen Gaben) kennen, annehmen, entwickeln und lernen, diese im Alltag zum Ausdruck zu bringen.

Dieser „Realisierungsprozess" dauert ein Leben lang und erfordert Liebe und Geduld.

Stufenweise geht es in die Erkenntnis der eigenen inneren und äußeren Landschaft, ihre Erweiterung und Entwicklung.

Zu dieser Entwicklung eines multidimensionalen Bewusstseins gehören alle Bewusstseinszustände, Bewusstseinsebenen und Bewusstseinsstufen, die Entwicklung kognitiver und emotionaler Fähigkeiten, die psychosexuelle und die Ich-Entwicklung sowie der Umgang mit Polaritäten (wie z.B. Mann/Frau, Materie/Geist) und den vielfältigen Wechselwirkungen von Mensch, Gesellschaft, Kultur und Kosmos.

Das bedeutet, dass wir uns in jahrelange, ja lebenslange Prozesse begeben.

Parallel zur täglichen meditativen Praxis geht es zunächst darum, dass wir uns einen Überblick über das verschaffen, was menschliches Sein ausmacht - was an sich schon eine hilfreiche Bewusstwerdungs-Übung sein kann...

Wichtig ist dann, eine Entscheidung darüber zu treffen, was für uns persönlich als Nächstes „ansteht", an welchem speziellen Teilbereich dieser unserer persönlichen menschlichen Landschaft wir eine Zeit lang – möglichst täglich und unter Zuhilfenahme von speziell zu diesem Themenbereich ausgewählten Übungen – arbeiten möchten (z.B. an Überaggressivität mit einer Übung zur Herzöffnung oder an Unkonzentriertheit mit einer Gedankenkontroll-Übung).

Da jeder Mensch seine eigenen körperlichen, persönlichen, familiären und sozialen Probleme hat, spiegelt das spirituelle Leben auch unsere Schwierigkeiten persönlicher und gesellschaftlicher Natur sowie unsere persönlichen Neurosen wider. Die Transformation der eigenen Persönlichkeit braucht viel Liebe und Geduld, aber ein bewusstes Arbeiten an sich selbst ist unbedingt erforderlich.

Dazu schreibt Jean Gebser:

„Jeder von uns ist heute, ein jeder auf seine Weise, nicht nur Zeuge, sondern wir alle sind auch Werkzeuge dessen, was verwirklicht wird. Deshalb ist es nötig, dass wir uns die Mittel erarbeiten, mit deren Hilfe wir diese Neue Wirklichkeit auch von uns aus mitgestalten können. Es ist nötig, dass auch das einzelne Ich, dass ein jeder weiß, wie er sich zu verhalten habe, auf dass das Neue, durch ihn mitverantwortet, zur aufbauenden Wirkung komme". (Gebser, Ursprung und Gegenwart)

So beschreiben weise Menschen einen Prozess des immer währenden Lernens. Spirituelle Reife bedarf der Erkenntnis, dass zur spirituellen Vollendung und Freiheit das gesamte menschliche Leben gehört.

Das Vorgehen der Integralen Spiritualität führt in hohem Maße zur Eigenverantwortlichkeit jeder/jedes einzelnen – und damit auch zur vertieften Wertschätzung gegenüber dem kostbaren Juwel des eigenen Lebens.

Wie werden wir leben?

Immer wieder wird mir die Frage gestellt: Wie werden wir anders leben? Was bedeutet es, aus dem Sein heraus zu leben?

Der „normale" Mensch lebt getrennt von seinem Göttlichen Sein, von dem in ihm liegenden, ewigen, Göttlichen Wesenskern. Er macht sich Gedanken und Illusionen, seine Gefühle kommen und gehen – und er richtet sein Handeln daran aus.

Dies hält ihn gefangen im Kreislauf des Kommens und Gehens von Erfahrungen, in den geistigen Gesetzen von Ursache und Wirkung (jeder Ursache folgt eine Wirkung) und Resonanz (Gleiches zieht Gleiches an).

Unbewusst schafft er sich so eine Lebensrealität, die ihn

an seiner eigentlichen Bestimmung, in seiner Entwicklung fortzuschreiten, hindert.

Assagioli schreibt dazu:

„Es gibt einen im Inneren angelegten Drang zum Weitergehen, das Bewusstsein bleibt nicht stehen bei dem, was sich bis hierher entwickelt hat, sondern es will sich weiter entfalten zu differenzierter Struktur und umfassender Ganzheit".
(Assagioli, Psychosynthese)

Aufgrund einer allen Menschen innewohnenden Sehnsucht nach Wahrheit und Sinn entstanden die unterschiedlichsten Vorstellungen von Gott und der Welt.

Diese Vorstellungen orientierten sich oftmals an den tiefen spirituellen Erfahrungen weiser Menschen – und da sie nur unzureichend in Worte zu fassen waren, und die Menschen selbst nicht die entsprechenden Erfahrungen damit verbinden konnten, wurden die ursprünglichen Erfahrungen immer wieder verzerrt, vermenschlicht oder polarisiert.

So entstanden beispielsweise Glaubenssätze wie: „Du bist deine Gefühle und Gedanken" – das angstbesetzte Bild vom strafenden Gott oder die Vorstellung von Himmel und Hölle setzten sich tief im Unterbewusstsein fest.

Glaube richtete sich nicht nach innerer Erfahrung sondern nach Glaubenssystemen.

Aus Erfahrungen wurden Meinungen, Religionen, Wissenschaften abgeleitet, in denen sich in ihren Denkmustern, Credosystemen und Ideologien gefangene Menschen über andere Menschen stellten, und in denen es vor allem darum ging – und häufig immer noch geht – Recht zu haben. So entbrannten und entbrennen immer noch Kriege.

Der suchende Mensch identifiziert sich immer wieder mit den Ansichten und Ideen anderer und macht sich davon abhängig. Er nimmt Erfahrungen anderer an, anstatt sich selbst auf den Weg zu machen.

Integrale Spiritualität kann den Menschen aus diesen Abhängigkeiten befreien, weil ihr höchstes Ziel ist, dass jeder einzelne Mensch sein Wahres Sein, seine Kräfte und Potentiale erfährt und damit selbst-bewusst und eigenverantwortlich umgeht.

Der erwachte Mensch durchschaut seine Muster und Inskripte von Erziehung, Religion, Gesellschaft und Zeitgeist. Er hat diese Fesseln gesprengt; er hat erfahren – und erfährt andauernd – wer er ist und was er schon immer war. Sein Bewusstsein hat sich geweitet und ist mehr und mehr verbunden mit den göttlichen Kräften und allumfassendem Wissen. Der erwachte Mensch hat gelernt, mit seinen Potentialen umzugehen und wird Mitschöpferin/Mitschöpfer im eigenen Leben, im großen Netzwerk aller Wesen, im kosmischen Geschehen.

Der integrale Mensch kann den Himmel auf Erden schaffen. Es hängt von seinen Fähigkeiten, seiner Aufmerksamkeit für seine innere Berufung, seiner Entschlossenheit und seinen Entscheidungen ab, wie er leben und was er zum Weltgeschehen beitragen wird.

Es gibt für ihn zwei Möglichkeiten, auf Erden zu leben:

Das Dasein als aktive Mitgestalterin/aktiver Mitgestalter

Diese Art des Daseins auf Erden bedeutet, dass wir mit dem klaren Ziel und in der Absicht leben, entsprechend unseren persönlichen Anlagen und Fähigkeiten, die Welt mitzugestalten. Es handelt sich hier also um eine aktiv-tätige Präsenz.

Die meisten Menschen finden sich vermutlich in dieser Beschreibung zunächst wieder. Es gibt aber einen gravierenden Unterschied zum integralen tätigen Menschen: Der integrale, erwachte Mensch hat gelernt, mit Gedanken, Gefühlen, Liebe und Licht umzugehen, bzw. ist auf dem Weg dorthin. Er schafft zunehmend aus dem Sein also nicht aus seiner Ich-Persönlichkeit heraus und sein Wirken in der Welt ist getragen von der Bewusstheit des All-Einsseins und von liebendem Wohlwollen gegenüber allen Wesen.

Er wirkt, indem er seine Erkenntnisse schöpferisch in Aktivität umsetzt, er realisiert und manifestiert seine Fähigkeiten in der Welt, so dass sein geweitetes Bewusstsein „materiell" in Erscheinung tritt (indem er z.B. seine Gedankenkraft auf eine notwendige Veränderung in seinem Leben ausrichtet – und diese dann auch vollzieht). So wird sein ganzes Leben zum Ausdruck des Inneren Seins. Deshalb sagen wir in der Integralen Spiritualität: Realisiere auf Erden, was Du in Wirklichkeit bist. Dieses Realisieren der Göttlichen Wirklichkeit geschieht nicht auf der Grundlage moralischer Vorgaben – es ist die Hochachtung der Würde und Selbstbestimmung des Nächsten, die ein solches Wirken prägt.

In früheren Zeiten glaubte man, dass die Erfahrung der Erleuchtung (Satori oder Samadhi) eine ganzheitliche Änderung der Persönlichkeit hervorrufen würde.
Heute wissen wir, dass dem nicht, oder nur zu einem sehr geringen Teil so ist.
Die Methode der Integralen Spiritualität trägt dazu bei, dass wir uns eigenverantwortlich auf unseren ur-eigenen Entwicklungs- und Lebensweg begeben.

Gott ist Licht, Liebe und Leben.

Das Dasein als „Frequenzhalterin/Frequenzhalter"

Gottmenschen, Bodhisatvas, Buddhas, Heilige, hochrangige Meisterinnen und Meister leben diese Möglichkeit des Daseins.

Sie sind dauerhaft mit dem Höchsten Sein verbunden, ruhen im andauernden Gewahrsein, in voller Präsenz und haben alle Potentiale integriert.

Da sie alle Bewusstseinsstufen und menschlichen Entwicklungslinien erreicht haben, zieht sie nichts mehr aus ihrem Zustand heraus, verweilen sie auch in den größten Turbulenzen in dieser Verbindung. Sie können sich jedoch auch dazu entscheiden, freiwillig in das aktive Leben, in die Dimension von Zeit und Raum zurück zu gehen, um anderen Wesen beizustehen.

Sie sind reines Sein, Liebe, Kraft und strahlen diese „Frequenzen" aus zum Segen aller. Sie halten diese höchste, göttliche Frequenz in der Welt.

Als Beispiel sei hier Vairocana, der Buddha des Lichts, erwähnt, der auf alle Seinsebenen andauernd Licht und Mitgefühl ausströmt, oder auch Christus im Zustand der Erleuchtung am Berge Tabor.

Mitgefühl und nicht auf unsere eigene Bestätigung ausgerichteten Beistand für andere Menschen in allen Lebenslagen in Taten umzusetzen.

Angehende Meister, Bodhisatvas und Menschen auf dem spirituellen Weg, streben nach der Präsenz dieser Vorbilder.

Diese Präsenz ist nicht gleichzusetzen mit einem Rück-
zug aus der Welt, sondern bedeutet eine höhere Form
der Aktivität im Sinne eines passiven Ausstrahlens von
Energie. Sie ist – als höchstes „Tun im Nichtstun" – eine
Kraftquelle für die Welt.

Die für uns persönlich stimmige Lebensform können
wir auf unserem spirituellen Weg finden.

Der vierte Pfeiler:
Teile mit allen Wesen – verschenke deinen inneren und äußeren Reichtum

Eine der berührendsten Erfahrungen, die uns in der Meditation geschenkt werden können, ist die Einheitserfahrung mit allen Wesen. Das Ziel des vierten Pfeilers ist es, diese tiefe, innere Verbundenheit mit allen Wesen auch praktizieren zu lernen und absolute Liebe, selbstverständliches Mitgefühl und nicht auf unsere eigene Bestätigung ausgerichteten Beistand für andere Menschen in allen Lebenslagen in Taten umzusetzen.

Die integral-spirituelle Entwicklung des Menschen geht einher mit einem Wandel der „egozentrierten Persönlichkeit" in eine „spirituelle Persönlichkeit", die in zunehmendem Maße aus dem Sein schöpft und lebt.
Der egozentrierte Mensch hat sich innerlich abgeschottet von seinen Mitmenschen. Er kämpft für sich und fühlt sich im Grunde allein und isoliert.
Er wird weitgehend von Gedanken, Gefühlen und Instinkten geleitet und lebt meist in seiner „kleinen Welt", in der immer noch Rivalität und Kampf vorherrschen. Bedacht auf seinen Vorteil, seine Karriere oder seine Ziele, setzt er mit Macht, Unterdrückung und Intrigen seinen Willen durch.

Auf dem integral-spirituellen Weg jedoch kommt es zu einer Erweiterung des menschlichen Bewusstseins und der mit dieser Erweiterung verbundenen, menschlichen Fähigkeiten. Dies bewirkt eine Veränderung des gesamten Weltbildes und beeinflusst ein wie oben beschriebenes, egozentriertes Handlungsmuster massiv.

Vor allem die Erfahrung, als Teil eines großen Netzwerkes mit allen Menschen verbunden zu sein sowie die Erkenntnis, dass ein Kampf gegen andere immer auch ein Kampf gegen uns selbst und das Göttliche Leben in uns ist, lassen Liebe, Mitgefühl, Freude, Barmherzigkeit, Toleranz, Fairness und Offenheit in uns entstehen oder wachsen.

Der integral-spirituelle Mensch sieht das Weltgeschehen mit anderen Augen. Er sieht Hunger, Armut, Elend und die ungleiche Verteilung der Güter, die für ihn sinnlosen Kriege, die Unterdrückung im Großen wie im Kleinen – und die dahinter stehende Qual und Not einer im Ego gefesselten Menschheit auf einseitig materiell-rationaler Stufe.

Sein Herz ist geöffnet und sein Geist klar.

Er möchte teilen, was er hat – materielle Güter ebenso wie seine Gaben, Talente und seine Fähigkeit zu lieben. Er möchte für seine Mitmenschen da sein und sie tätkräftig unterstützen.

So werden im vierten Pfeiler die drei ersten Pfeiler zusammengeführt:

Im Teilen der Gaben, die uns durch die Erfahrungen und Erkenntnisse unseres integral-spirituellen Entwicklungprozesses zuteil werden, und in der im Bewusstsein dessen, was wir wirklich sind, gelebten inneren Verbundenheit mit anderen, liegt die Essenz des Weges.

Zusammenfassung:

1. Erfahre, wer du bist
Erfahre und erkenne durch meditative Übung
dein Wahres Wesen und durchschaue deine Welt
der Gedanken, Gefühle, Illusionen
und selbstgemachten Muster.

2. Sei, was du bist
Integriere, werde und sei deine Erfahrungen
und Erkenntnisse:
Liebe, Intelligenz, Bewusstsein, Kraft,
Schönheit und Einheit mit allem.

3. Lebe, was du bist
realisiere allumfassendes Sein
und entwickle und lebe alle deine Kräfte
und dein gesamtes Potential und Bewusstsein.

4. Teile mit allen Wesen
Teile all deine inneren
und äußeren Schätze mit anderen.

Mögen mein Denken Tun und Sein
Zum Segen werden für mich und alle Wesen
Mögen ich und alle Wesen glücklich sein
In diesem und jedem Moment meines Lebens
Ich danke für mein Leben

3. Der integrale Mensch – eine Orientierung auf dem Spirituellen Weg

„Ich habe niemals etwas gesehen, ohne Gott darin zu sehen."
(Muhammad Ibn Wasi)

Der integrale Mensch hat die Begrenztheit seiner Ich-Struktur erkannt und überschritten und entwickelt sich in zunehmendem Maße zum ganzheitlichen Menschen. Er durchläuft einen Identitätswandel und vollzieht einen Wechsel von einer vor allem auf sich selbst bezogenen Persönlichkeit, die zu überleben versucht, hin zu einem mitschöpferischen Menschen, der die göttliche Absicht ausdrückt und verkörpert.

Der integrale Mensch ist sich seiner Rolle als Co-Creator (Mitschöpferin/Mitschöpfer) zunehmend bewusst und lernt, durch einen achtsamen und bewussten Umgang mit Gedanken und Gefühlen, mit der Bildung von Realitäten umzugehen.

Hierbei wird er geleitet von der Liebe zu allem Sein. Er ist sich darüber im Klaren, dass er durch sein „Bewusst-Sein" der ganzen Menschheit hilft.

Inmitten radikaler Existenzbedrohung kann er so an einem Gesinnungswandel mitwirken – indem er die Werte und essentiellen Qualitäten seiner Wesensnatur lebt, trägt er dazu bei, das einseitig rationale und materielle Verständnis der derzeitigen Gesellschaft abzubauen.

Aus der Fremdbestimmtheit aufgewacht zu seinen Potentialen, ist der integrale Mensch sowohl mit seinem Göttlichen Ursprung als auch mit der inneren Essenz seiner Mitmenschen und dem evolutionären Impuls der Schöpfung und deren Streben nach höherem Bewusstsein und größerer Freiheit verbunden.

Der integrale Mensch lebt im Augenblick und nimmt an, was ist Freude und Leid. Er nimmt die Position eines Zeugen ein, eines Zuschauers oder Beobachters, und lockert so die Identifikation mit Körper, Gedanken und Gefühlen, die er in zunehmendem Maße als Werkzeuge betrachtet.

Er söhnt sich aus mir seiner Vergangenheit und fixiert sich innerlich nicht auf einen bestimmten Plan oder Verlauf seiner Zukunft. Er hat seine ganze Kraft für sein gegenwärtiges Leben zur Verfügung, integriert sein höheres Bewusstsein in den Alltag und lebt immer mehr im Einklang mit dem Höchsten Sein.

Gibt es einen Liebenden in dieser Welt, dann bin ich es.
Jedes Bekenntnis, jede Sekte bin ich,
Erde und Luft, Wasser und Feuer,
Körper und Seele bin ich,
Wahrheit und Falschheit, gut und böse, Wohlsein und
Drangsal.
Von Anfang bis zum Ende bin ich,
dieser Himmel, diese Erde
und alles, was sie bergen.
Die gesamte Menschheit bin ich.

(Rumi)

4. Die Bedeutung der Integralen Spiritualität

Integrale Spiritualität wird als wesentlicher, nächster Evolutionschritt der Menschheit bezeichnet. Sie umfasst alle Dimensionen des Menschen und wirkt aus dieser ganzheitlichen Daseinsweise heraus in alle Bereiche des Lebens hinein.

Sie trägt zu einem neuen Weltbild bei und gibt den Menschen durch die Erfahrung der allen Menschen innewohnenden Wesensnatur ein neues Gefühl von Zusammengehörigkeit. Auf Basis des Erlebens der Einheitserfahrung mit dem Höheren Selbst und allen Menschen, gibt sie eine Richtlinie für ein konstruktives Zusammenleben in Liebe, Freiheit und Frieden vor und setzt dadurch Maßstäbe für ein mitmenschliches Verhalten und ein Bewusstsein von zutiefst ethischen Werten.

Damit leistet sie sowohl einen Beitrag zu einer positiven Veränderung der Gesellschaft als auch zum globalen Frieden.

Integrale Spiritualität ist transkonfessionell und kann mit und ohne Glaubenssystem praktiziert werden. Sie unterstützt somit auch den Frieden und die Verständigung zwischen den Religionen.

„Basis für die völlige Harmonisierung des Lebens wird ein integrales Bewusstsein werden, durch vollständige Verwandlung, Vereinigung und Einbeziehung des Wesens der Natur. Selbst das alte, unbewusste Fundament in uns wird durch das Einströmen von Licht und Bewusstsein von oben her bewusst gemacht, seine Tiefen werden an die Höhen des Geistes angeschlossen werden."
(Aurobindo, Das göttliche Leben)

5. Zur Praxis der Integralen Spiritualität

Wir hören nie auf zu lernen und ein Leben lang zu üben.

Wir gehen alle den Weg, um in der Tiefe des Seins zu erfahren, wer wir wirklich sind.

Jeder Mensch hat individuell zu erkennen, wo er steht und wo er an sich arbeiten muss – ganz gleich an welcher Stelle der persönlichen Entwicklungslinie, in welchem Bewusstseinszustand oder auf welcher Bewusstseinsstufe sie oder er sich befindet.

Diese Lebensaufgabe ist immer (wieder) mit einer Vertiefung der Erkenntnis der Ich-Persönlichkeit (Charakter, Lebensskript, Schatten), der eigenen Verhaltensmuster (sich selbst, den Mitmenschen, der Gesellschaft und Weltgemeinschaft gegenüber) und der eigenen Leiden, Abhängigkeiten und Unfreiheiten verbunden.

Die Integrale Spiritualität kann dem Menschen bei seiner persönlichen „Standortbestimmung" helfen.

Sie bietet Methoden an, die ihn bei der Beschäftigung mit den jeweils vorrangigen Lebensthemen unterstützen.

Die Bedeutung des Körpers

„Wisset ihr nicht dass euer Leib ein Tempel des Heiligen Geistes ist?"
„Verherrlicht also Gott in eurem Leibe."

(Neues Testament)

Da der Körper auf dem Weg der Integralen Spiritualität eine zentrale Rolle spielt, möchte ich an dieser Stelle einige Bemerkungen dazu machen.
Alle Übungspraxis ist verbunden mit unserem Körper, alle Erfahrungen und Erkenntnisse sind uns als Menschen nur innerhalb dieses Körpers möglich.

Im Buddhismus heißt es über die Betrachtung des Körpers:

Wer nicht den Einblick in den Körper kostet,
der kostet nicht das Unvergängliche.
Wer nicht den Einblick in den Körper hat geübt,
hat nicht geübt fürs Unvergängliche.
Wer nicht einen Einblick in den Körper hat entfaltet,
hat nicht entfaltet das Unvergängliche.
Wer nicht den Einblick in den Körper hat verstanden,
hat nicht das Unvergängliche verstanden.
Wer nicht denn Einblick in den Körper hat durchschaut,
hat nicht durchschaut das Unvergängliche.

(Anguttara- Nikaya-Sutra)

Was bedeutet es nun, das Unvergängliche zu kosten, zu üben, zu entfalten, zu verstehen, zu durchschauen? Und warum ist dies wichtig?

In unserem Körper haben sich im Laufe unseres Lebens seelische und geistige Blockaden festgesetzt, die uns daran hindern, in voller Lebenskraft zu stehen und all das, was wir zutiefst sind, auszudrücken.
Durch die Integrale Körperarbeit können diese Blockaden gelöst und dadurch Energien und Bewusstsein freigesetzt werden.
In den Tiefen der Organe, unter den Blockaden, schlummert die wahre Ausdrucksform des Höchsten Seins: Liebe, Mut, Offenheit, Freude, Glück Vertrauen. Hinter den gereinigten Energie- und Blutbahnen tritt hohe Lebensenergie zutage. Hinter den geklärten Bewusstseinsfeldern (Chakren) erstrahlt das Hohe Bewusstsein, hinter einem gereinigten Gehirn hell und leuchtend der Geist, unser Wahres Sein, unsere Wesensnatur, der Lichtkörper oder „verklärte Leib".
So geht es bei aller Körperarbeit um eine Befreiung des in der Form schlummernden unvergänglichen Seins.

Buddha sagt:

„Ich verkünde aber, dass in diesem klaftergroßen Leib mit seinen Wahrnehmungen und seinem Denken die

Welt liegt und die Entstehung der Welt und das Ende der Welt und der Pfad, der zum Ende der Welt führt".

Die moderne Naturwissenschaft sagt uns, dass der Körper nichts anderes als Zeit, Raum und Geist in erstarrter, geronnener, dicht gewordener Form ist.

Unser Körper ist aber auch ein Energiekörper, und alle Prozesse laufen nur mit Energie ab.

Für unsere integrale Weiterentwicklung und auch für die geistige Evolution des Menschen ist es wichtig, dass wir mehr Energie aufnehmen können.

Dies kann durch Energieübungen zur Stärkung der Grundenergie des Körpers oder die Öffnung von Energiekanälen geschehen; ebenso durch die Aufnahme von kosmischer Energie, Erdenergie, Atemenergie, durch Aufnahme von kreativer Sexualenergie oder planetarischer Energie, wie sie teilweise im Yoga, Tai Chi, Taoyoga oder Chi Gong praktiziert wird.

Auf dem spirituellen Weg ist Energie von großer Wichtigkeit für die Erzeugung der Spannung, die wir brauchen, um „energetische Tore" zu öffnen. Wir brauchen z.B. Energie für die Öffnung von Gehirnschaltkreisen, die einem Schwellenwerte unterliegen. So verhilft die Energiebereitstellung durch die hohe geistige Konzentration bei der Fokussierung auf ein Wort oder Mantra beispielsweise zum Durchbruch in den transpersonalen Raum.

Ebenso kann Sexualenergie in spirituelle Energie verwandelt werden und einen Durchbruch in ein geweitetes Bewusstsein ermöglichen. Durch Zufuhr von Energie werden wesentliche Kanäle geöffnet, im Gleichgewicht gehalten und da wir auch in Resonanz mit den Energien von Erde, Sonne und allen Planeten stehen – menschliche Energiefelder mit kosmischen Energiefeldern abgestimmt.

Die Integrale Spiritualität ist bemüht, neben der spirituellen Übung der gegenstandslosen Meditation, die die Basis für die spirituelle Entwicklung darstellt, einfache, effektive Methoden anzubieten, damit sich die in den vier Pfeilern angestrebten Veränderungen, die persönlichen und gesellschaftlichen Transformationen einstellen können.

Diese Methoden sind:

- Körperarbeit (z.B. Körperübungen zur Harmonisierung der Körper- und Gehirnfunktionen)
- Energiearbeit (z.B. Atemübungen zur Öffnung, Reinigung und Energetisierung der Energiebahnen)
- Psychologisch orientierte Übungen (z.B. Schattenarbeit, Arbeit am „Falschen Selbst" und einengenden Charakterstrukturen) und
- Bewusstseinsarbeit (z.B. die Auseinandersetzung mit

unbewussten Verhaltensmustern sich selbst und anderen Menschen gegenüber)

Diese Übungen werden der persönlichen Lebenssituation des einzelnen Menschen entsprechend ausgewählt und sollen Bestandteil der täglichen spirituellen Praxis sein.
Dabei muss betont werden, dass sie keine eventuell notwendige Psychotherapie oder medizinische Behandlung ersetzen können.

Da die integrale Spiritualität sich immer weiter entwickelt, werden in Zukunft auch die ihr Fortschreiten unterstützenden Übungen weiter entwickelt werden.
„Der begrenzte Leib bildet ein Gefäß, in das sich Seele und Geist ergießen, das sie zerbrechen und – es ständig erweiternd – neu formen müssen, bis seine Endlichkeit und ihre eigene Unendlichkeit übereinstimmen."

(Aurobindo, Kaskaden des Lichts)

6. Ausblick

Wir sollen heiter Raum um Raum durchschreiten,
An keinem wie an einer Heimat hängen,
Der Weltgeist will nicht fesseln uns und engen,
Er will uns Stuf' um Stufe heben, weiten!
Es wird vielleicht auch noch die Todesstunde
Uns neuen Räumen jung entgegensenden:
Des Lebens Ruf an uns wird niemals enden.
Wohlan denn, Herz, nimm Abschied und gesunde!

(aus „Stufen" von Hermann Hesse)

Die geistig-seelische Evolution des Menschen bleibt auch auf der integralen Stufe nicht stehen.
Sie schreitet voran in Ausrichtung auf eine die integrale Stufe einbeziehende, ganzheitlichere Stufe, die neuzeitlich auch als „integral-holonische Stufe" oder auch als „post-integrale Stufe" bezeichnet wird.
enn sich durch die meditative Übungspraxis der transpersonale Bewusstseinszustand vertieft und die Integra-

tion unserer Potentiale in unser Leben und Sein vollzogen ist, geht es nicht mehr nur um das Bemühen um die Erfahrung des Höchsten Seins, sondern darum, selbst „Ganzes Sein" zu verkörpern.

Der Mensch tritt dann in den Zustand der Ganzheit ein und lebt aus dem Zustand dieses Ganzseins, das die gesamte Fülle des menschlichen Seins integriert.
Dies ist der Quantensprung von der Integralen zur Holonischen Stufe, ein Einssein mit dem höchsten, alles umfassenden Sein, dem „Gott-Sein", das in sich immer weiter entwickelnden Stufen realisiert wird.
Es ist schwer, diesen Prozess der „Ganzwerdung" in Worte zu fassen.
Große Spirituelle sprechen darüber in Bildern, Gedichten oder Gleichnissen, z.B. von der Wesensnatur, vom „Ich bin" oder vom „Tat Tvam Asi" (Das bist Du).
Christus sagt: „Ich und der Vater sind eins".

Im Gleichnis vom verlorenen Sohn, einem Gleichnis, das sich in vielen religiösen Traditionen findet, wird dieser Zustand umschrieben, wenn der Vater sagt: „Mein Sohn, du bist allzeit bei mir, und alles, was mein ist, ist dein".

In diesen Worten spiegelt sich die totale Einheit mit dem Vater, der Symbolfigur für das höchste Sein, wider. In dieser Einheit zu sein bedeutet, allgegenwärtig zu sein als unmanifestierte (im reinen Sein lebende) und manifestierte (im aktiven Wirken lebende) Gegenwart. Es bedeutet, ewig und unwandelbar, jenseits aller Erfahrungen, vollkommene, ewige Stille, reines Licht, Liebe und Weisheit zu sein – und die unbegrenzte Energie, aus der alles ist, alle Form, das gesamte Universum.

In Einheit mit allem zu sein bedeutet auch, dass wir in allem sind und alles in uns ist. Es gibt kein Drinnen und Draußen mehr, kein Ich und kein Du.

Daraus entstehen großer Respekt und tiefe Wertschätzung gegenüber jedem Ding, jeder Seele, jedem Menschen.

In der Offenbarung heißt es:

„Dann sah ich einen neuen Himmel und eine neue Erde, denn der erste Himmel und die erste Erde sind vergangen, auch das Meer ist nicht mehr...und ich hörte eine laute Stimme vom Thron her rufen:
Seht die Wohnung Gottes unter den Menschen! Er wird in ihrer Mitte wohnen, und sie werden sein Volk sein; und er, Gott, wird bei ihnen sein. Er wird alle Tränen von ihren Augen abwischen. Der Tod wird nicht mehr sein, keine Trauer, keine Klage, keine Mühsal. Denn was früher war, ist vergangen."

Mögen wir aber das Wesentlichste nicht vergessen:
Durch unser menschliches Bemühen, durch Übungen,
Besinnungen, Meditationen, Prozessarbeit und integrale
Praxis, strecken wir lediglich unsere Hände aus und öff-
nen uns hin zum Höchsten Sein.
Mögen wir Gnade und Segen empfangen, um so zu wer-
den und zu sein, wie wir von diesem Höchsten Sein ge-
meint sind.

„Der Mensch kommt an in Gott, wenn Gott und weil
Gott ankommt im Menschen."

(aus dem Sufismus)

7. Dank

Die Grundlagen meiner Arbeit sind – neben vielen anderen Einflüssen auf meinen spirituellen Weg – die Arbeiten von
Jean Gebser („Ursprung und Gegenwart"), Sri Aurobindo („Der Integrale Yoga"), Assagioli („Psychosynthese") und Ken Wilber („Integrale Spiritualität").

Für die persönlichen Erkenntnisse und Erfahrungen, die ich auf meinem spirituellen Weg gewinnen dürfte, gilt mein aufrichtiger Dank:
Karlfried Graf Dürckheim, der mich Meditation, Körperarbeit und den „Alltag als Übung" lehrte, Swami Chidananda, der mich in das Gedankengut und die Praxis des Yoga einführte, Meister Mantak Chia, von dem ich den überwiegenden Teil der Übungen aus der alten taoistischen Mönchstradition seiner Meister übernommen habe, Keith Sherwood, der mich in geistig-spirituellem Heilen unterrichtete und Zenmeister Willigis Jäger, der mich im Zen, in der Kontemplation und der

Betrachtung der west-östlichen Weisheitslehren unter-
wiesen hat.

Ich danke auch allen, deren Inspiration unbenannt in
meine Arbeit eingeflossen ist sowie meinem Verleger Albert Sellner, der dieses Buch in die passende Form ge-
gossen hat.

Mein besonderer Dank gilt meiner Lektorin Martina
Stauß. Sie verstand es, mit intuitivem Gespür und tiefem
Verständnis, die Thematik geistig zu durchdringen und
auch dort noch Worte zu setzen, wo es keine Worte mehr
gab. Ihr allzeit positiver, konstruktiver Geist beflügelte
die Zusammenarbeit in hohem Maße.

8. Literaturverzeichnis

Assagioli, R.: Psychosynthese, Astrologisch-Psychologisches Institut 1988.

Aurobindo: Der integrale Yoga, Rowohlt 1957.

Aurobindo: Vom Göttlichen Leben, Hinder & Deelmann 2002.

Aurobindo: Kaskaden des Lichts, Hinder & Deelmann 2006.

Gebser, J.: Ursprung und Gegenwart, Novalis 1999.

Kornfield, J.: Das Tor des Erwachens, Kösel 2001.

Merzel, D.: Großer Geist – Großes Herz, Kamphausen 2008.

Wilber, K.: Integrale Psychologie, Arbor 2001.

Wilber, K.: Das Wahre, Schöne, Gute – Geist und Kultur im 3.Jahrtausend,
Fischer 2002.

Wilber, K.: Integrale Spiritualität, Kösel 2007.

Wolf, I.: Mystik, Logos 2000.

Weiterführende Literatur:

Aitken, Robert / Steindl-Rast, David: Der spirituelle Weg. Zen-Buddhismus und Christentum im täglichen Leben. Th. Knaur München 1996.

Albrecht, Carl: Psychologie des mystischen Bewußtseins. Carl Schünemann Verlag Bremen 1951.

Almaas, A. H.: Die Leere. Transform Verlag Oldenburg 1992.

Almaas, A. H.: Essenz. Der diamantene Weg zur inneren Verwirklichung. Transform Verlag Oldenburg 1994.

Assagioli, Roberto: Die Schulung des Willens. Methoden der Psychotherapie und der Selbsttherapie. Junfermann-Verlag Paderborn 1984.

Aurobindo, Sri: Das Ideal einer geeinten Menschheit. 2., Hinder + Deelmann Verlag Gladenbach 1982.

Aurobindo, Sri: Stufen der Vollendung. Die Entfaltung neuer Bewußtseinskräfte. O. W. Barth Verlag München 1962.

Avatamsaka-Sutra: Alles ist reiner Geist. Die Stufen der Erkenntnis und der erhabene Zustand der Buddhaschaft. O. W. Barth Verlag München 1997.

Bischof, Marco: Biophotonen. Das Licht in unseren Zellen. 3., Zweitausendeins Frankfurt a. M. 1995.

Biser, Eugen: Der inwendige Lehrer. Der Weg zu Selbstfindung und Heilung. Piper Verlag München 1994.

Björkman, Rut: Erleuchtete und Heilige. Licht einer anderen Dimension. Aurum Verlag Freiburg im Breisgau 1977.

Bodhidharmas Lehre des Zen. Theseus Verlag München 1987.

Bohm, David / Peat, F. David: Das neue Weltbild. Naturwissenschaft, Ordnung und Kreativität. Goldmann Verlag München 1990.

Borg, Marcus J.: Jesus. Der neue Mensch. Verlag Herder Freiburg im Breisgau 1993.

Boulad, Henri: Mystische Erfahrungen und soziales Engagement. Otto Müller Verlag Wien 1997.

Bucke, R.: Kosmisches Bewußtsein. Zur Evolution des Geistes. Insel Verlag Frankfurt a. M. 1993.

Capra, Fritjof: Lebensnetz. Ein neues Verständnis der lebendigen Welt. Scherz Verlag Bern 1996.

Cassian, Johannes: Aufstieg der Seele. Einweisung in das christliche Leben II. Verlag Herder Freiburg im Breisgau 1982.

Charon, Jean E.: Der Geist der Materie. Paul Zsolnay Verlag Hamburg 1979.

Chia, Mantak: Tao Yoga der Liebe. Der geheime Weg zur unvergänglichen Liebeskraft. 9., Econ Ullstein List Verlag München 2000.

Cohen, Andrew: Erleuchtung ist ein Geheimnis. Ch. Falk Verlag Seeon 1994.

Cooper, J. C.: Der Weg des Tao. Eine Einführung in die alte Lebenskunst und Weisheitslehre der Chinesen. 2., O. W. Barth Verlag München 1981.

Daisetz T. Suzuki: Die grosse Befreiung. Einführung in den Zen-Buddhismus. 14., O. W. Barth Verlag München 1990.

Dalai Lama: Das Auge der Weisheit. Grundzüge der buddhistischen Lehre für den westlichen Leser. 2., O. W. Barth Verlag München 1978.

Dalai Lama: Den Geist erwecken, das Herz erleuchten. Zentrale tibetisch-buddhistische Lehren. Th. Knaur Verlag München 1996.

Davidson, John: Am Anfang ist der Geist. Die Geburt von Materie und Leben aus dem schöpferischen Geist. Scherz Verlag München 1994.

Davidson, John: Das Geheimnis des Vakuums. Schöpfungstanz, Bewußtsein und Freie Energie. Omega Verlag Düsseldorf 1996.

Dietzfelbinger, Konrad: Der spirituelle Weg des Christentums. Das Markusevangelium als Modell. Eugen Diederichs Verlag München 1998.

Enomiya-Lassalle, Hugo M.: Erleuchtung ist erst der Anfang. Verlag Herder Freiburg im Breisgau 1991.

Dürckheim, Karlfried: Durchbruch zum Wesen. 4., Verlag Hans Huber Bern 1954.

Dürckheim, Karlfried: Übung des Leibes. Verlag Martin Lurz München 1978.

Eccles, John C.: Die Evolution des Gehirns- die Erschaffung des Selbst. 3., Piper Verlag München 1994.

Einstein, Albert / Infeld, Leopold: Die Evolution der Physik. Rowohlt Verlag Reinbek bei Hamburg 1995.

Einstein: Religion und Wissenschaft. In: Seeling, Carl: Mein Weltbild. Zürich 1953.

Enomiya-Lassalle, Hugo M.: Der Versenkungsweg. Zen-Meditation und christliche Mystik. Verlag Herder Freiburg im Breisgau 1992.

Frambach, Ludwig: Identität und Befreiung in Gestalttherapie Zen und christlicher Spiritualität. Verlag Via Nova Petersberg 1993.

Frankenberger, Ernst: Gottbekenntnisse großer Naturforscher. 15., Johannes Verlag Leutesdorf 1994.

Frankl, Viktor E.: Der Mensch vor der Frage nach dem Sinn. Piper Verlag München 1993.

Fromm, Erich / Suzuki, D. T. / de Martino, R.: Zen, Buddhismus und Psychoanalyse. Suhrkamp Verlag Frankfurt a. M. 1972.

Gebser, Jean: Verfall und Teilhabe. Über Polarität, Dualität, Identität und deren Ursprung. Otto Müller Verlag Salzburg 1974.

Grof, Stanislav / Benett, Hal Zina: Die Welt der Psyche. Kösel Verlag München 1993.

Grof, Stanislav: Kosmos und Psyche. An den Grenzen menschlichen Bewußtseins. Wolfgang Krüger Verlag Frankfurt a. M. 1997.

Grof, Stanislav: Topographie des Unbewussten. LSD im Dienst der tiefenpsychologischen Forschung. 4., Klett-Cotta Stuttgart 1988.

Grün, Anselm: Leben aus dem Tod. Vier-Türme-Verlag Münsterschwarzach 1995.

Günther, Michael: Der Sohar. Das Heilige Buch der Kabbala. 8., Eugen Diederichs Verlag München 1997.

Hammerskjöld, Dag: Visionen einer Menschheitsethik. Urachhaus Verlag 1999.

Hawkins, David R.: Die Ebenen des Bewußtseins. Von der Kraft die wir ausstrahlen. Verlag für angewandte Kinesiologie Freiburg im Breisgau 1997.

Hazrat Mirza Tahir Ahmad, Imam (Hrsg.): Der Koran. Vollständige Ausgabe. 9., Wilhelm Heyne Verlag GmbH & Co. KG München 1992.

Heim, Burkhard: Der kosmische Erlebnisraum des Menschen. 2., Resch Verlag Innsbruck 1988..

Holler, Johannes: Das Neue Gehirn. Möglichkeiten moderner Gehirnforschung. Junfermann Verlag Paderborn 1996.

Jacobi, Jolanda: Die Psychologie von C. G. Jung. Rascher Verlag Zürich 1940.

Jäger, Willigis: Geh den inneren Weg. Texte der Achtsamkeit und Kontemplation. 2., Verlag Herder Freiburg im Breisgau 1999.

Jäger, Willigis: Suche nach dem Sinn des Lebens. Bewußt-seinswandel durch den Weg nach innen. Verlag Via Nova Petersberg 1991.

Jäger, Willigis: Suche nach der Wahrheit. Verlag Via Nova Petersberg 1998.

James, William: Die Vielfalt religiöser Erfahrung. Insel Verlag Frankfurt a. M. und Leipzig 1997.

Jantsch, Erich: Die Selbstorganisation des Universums. München 1982.

Kabir: Im Garten der Gottesliebe. Hermes-Verlag Heidelberg 1993.

Khémir, Nacer: Notizen der Weisheit Islam. Die Wahrheit kann nicht in einem einzigen Traum enthalten sein. St. Gabriel Verlag Mödling-Wien 1995.

Koester, Arthur: Der Mensch. Irrläufer der Evolution. Die Kluft zwischen Denken und Handeln. Frankfurt a. M. 1993.

Kornfield, Jack: Frag den Buddha- und geh den Weg des Herzens. Kösel Verlag München 1995.

Laotse: Tao Te Ching. Theseus Verlag Berlin 1995.

Laszlo, Ervin: Das fünfte Feld. Materie, Geist und Leben-Vision der neuen Wissenschaft. Bastei-Lübbe Verlag Bergisch Gladbach 1996.

Lowen, Alexander: Bio-Energetik. Therapie der Seele durch Arbeit mit dem Körper. Rowohlt Verlag Reinbek bei Hamburg 1983.

Maharshi, Ramana: Sei, was du bist! 4., O. W. Barth Verlag München 1995.

Marcus, Hildegard: Spiritualität und Körper. Gestalten durch Ursymbole. Benno Verlag Leipzig 1998.

Nyanaponika: Geistestraining durch Achtsamkeit. Verlag Christiani Konstanz 1970.

Ornstein, Robert: Multimind. Ein neues Modell des menschlichen Geistes. 2., Junfermann Verlag Paderborn 1990.

Osho: Vigyan Bhairav Tantra. The book of the secrets. First Series.

The Rebel Publishing Ho, Cologne.

Ostertag, Silvia: Einswerden mit sich selbst. Ein Weg der Erfahrung durch meditative Übung. 3., Kösel Verlag München 1986.

Piaget, Jean: Psychologie der Intelligenz. 8., Verlag Klett-Cotta Stuttgart 1984.

Pierrakos, John: Core Energetik. Zentrum Deiner Lebenskraft. Synthesis Verlag Essen 1987.

Pietschmann, Herbert: Das Ende des naturwissenschaftlichen Zeitalters. Verlag K. Thienemanns Stuttgart 1995.

Popp, Fritz-Albert: Neue Horizonte in der Medizin. 2., Haug Verlag Heidelberg 1987.

Prigorine, Ilya: Die Gesetze des Chaos. Insel Verlag Frankfurt a. M. 1998.

Quint, Josef: Meister Eckhart. Deutsche Predigten und Traktate. Diogenes Verlag AG Zürich 1979.

Rilke, Rainer Maria: Gesammelte Gedichte. Insel Verlag 1962.

Rogers, Carl: Entwicklung der Persönlichkeit. Klett-Verlag Stuttgart 1973.

Ropers, Roland R.: Geburtsstunde des neuen Menschen. Hugo Makibi Enomiya-Lassalle zum 100. Geburtstag. Verlag Via Nova Petersberg 1998.

Roth, Gerhard: Das Gehirn und seine Wirklichkeit. Kognitive Neurobiologie und ihre philosophischen Konsequenzen. Suhrkamp Verlag Frankfurt a. M. 1997.

Rumi, Dschalaluddin: Das Lied der Liebe. Die Weisheit göttlicher Liebe in den Versen des Grössten Sufi – Dichters. Wilhelm Heyne Verlag München 1992.

Walter Verlag Düsseldorf 1993.

Scharfetter, Christian: Allgemeine Psychopathologie. Eine Einführung. Georg Thieme Verlag Stuttgart 1976.

Schimmel, Annemarie: Mystische Dimensionen des Islam. Die Geschichte des Sofismus. Insel Verlag Frankfurt a. M. und Leipzig 1995.

Scholem, Gershom: Die jüdische Mystik. Rhein – Verlag Zürich 1957.

Scholtz, R. F. v,: Pir-o-Murshid Hazrat Inayat Khan: Einheit im Geiste. Otto Reichl Verlag Remagen 1975.

Schrödinger, Erwin: Geist und Materie. Braunschweig 1959.

Sheldrake, Rupert / Fox, Matthew: Die Seele ist ein Feld. Der Dialog zwischen Wissenschaft und Spiritualität. O. W. Barth Verlag München 1998.

Shunryu Suzuki: Zen-Geist Anfänger-Geist. Unterweisungen in Zen-Meditation. Theseus Verlag Zürich 1970.

Steiner, Rudolf: Die Mystik im Aufgange des neuzeitlichen Geisteslebens und ihr Verhältnis zur modernen Weltanschauung. 5., Rudolf Steiner Verlag Dornach / Schweiz 1977.

Sudbrack, Josef: Mystische Spuren. Auf der Suche nach der christlichen Lebensgestalt. Echter Verlag Würzburg 1990.

Talbot, Michael: Das Holographische Universum. Die Welt in neuen Dimensionen. Verlag Th. Knaur München 1994.

Teilhard de Chardin, Pierre: Die Zukunft des Menschen Olten 1966.

Thich Nhat Hanh: Das Wunder der Achtsamkeit. 6., Theseus Verlag München 1996.

Underhill, Evelyn: Mystik. Entwicklung des religiösen Bewußtseins im Menschen. Turm Verlag Bietigheim / Württ.

Vester, Frederic: Neuland des Denkens. Vom technokratischen zum kybernetischen Zeitalter. 2., Deutscher Taschenbuch Verlag München 1984.

Vetter, Michael: Seinserfahrungen- das Buch von der Liebe zum Leben. Verlag Via Nova Petersberg 1995.

Vivekananda, Swami: Raja-Yoga. 6., Hermann Bauer Verlag Freiburg im Breisgau 1981.

Vom Kreuz, Johannes: Das Lied der Liebe. 4., Johannes Verlag Einsiedeln Freiburg 1992.

Wangyal, Tenzin: Der kurze Weg der Erleuchtung. Dzogchen-Meditation nach den Böhn-Lehren Tibets. Spirit Fischer 1997.

Watzlawik, Paul: Wie wirklich ist die Wirklichkeit. München 1988.

Wilber, Ken: Das Spektrum des Bewußtseins. Eine Synthese östlicher und westlicher Psychologie. Rowohlt Taschenbuch Verlag Reinbek bei Hamburg 1991.

Wilber, Ken: Das Wahre, Schöne, Gute. Geist und Kultur im 3. Jahrtausend. Krüger Verlag Frankfurt a. M. 1999.

Wilber, Ken: Halbzeit der Evolution. Der Mensch auf dem Weg vom animalischen zum kosmischen Bewußtsein. Fischer Taschenbuch Verlag Frankfurt a. M. 1996.

Wilber, Ken: Vom Tier zu den Göttern. Die große Kette des Seins. Verlag Herder Freiburg im Breisgau 1997.

Wolf, Fred Alan: Körper, Geist und neue Physik. Scherz Verlag München 1989.

Wolff, Katja: Der kabbalistische Baum. Adams Schlüssel zum Paradies. Th. Knaur München 1989.

Wosien, Maria-Gabriele: Die Sufis und das Gebet in Bewegung. Metanoia-Verlag 1998.

Yamada, Koun: Die torlose Schranke. Mumonkan. Kösel Verlag München 1989.

Eugen Diederichs Verlag München 1991.

9. Veröffentlichungen

Bisher sind von Ingeborg Wolf erschienen:

1. „Mystik": Zen, Kontemplation, Yoga, Kabbala, Sufismus, Taoismus
– Praxis und Orientierung im Spiegel von Religion, Psychologie, Naturwissenschaft und Gesellschaft
Verlag Edition Logos, ISBN 3-934429-53x

2. „Praxis der gegenstandslosen Meditation": Auszug aus"Mystik"
zu beziehen über
Buchhandlung@Benediktushof-Holzkirchen.de,
Tel. 09369 98 38-43

3. „Der Weg zum Inneren Sein": Mystische Erfahrungen und Erkenntnisse, Verlag Edition Logos, ISBN 3-934429-54-8

4. „Der Weg zum Inneren Sein – Rezitationen": Auszüge aus „Der Weg zum Inneren Sein"
zu beziehen über
Buchhandlung@Benediktushof-Holzkirchen.de,
Tel. 09369 98 38-43

Hör-CDs

5. „Integrale Spiritualität", Reihe von 9 CDs mit Übungen, Besinnungen und Meditationen für ein neues
Körper-Geist-Seele-Bewusstsein.
Die CDs sind einzeln oder als Gesamtausgabe zu beziehen über Buchhandlung@Benediktushof-Holzkirchen.de
Als komplette Box mit Booklet ist die CD-Reihe bei jeder Sortimentsbuchhandlung sowie beim interessierten Handel unter Angabe der folgenden ISB-Nummern zu beziehen:
978-3-941407-10-7 Box der Gesamtausgabe
978-3-941407-00-8 Booklet; Beilage zu den CDs

Die einzelnen CDs:

Spirituelle Entwicklung
978-3-941407-01-5 CD1 Integrale Spiritualität (violett)
978-3-941407-02-2 CD2 Meditation Körperarbeit (violett)

Emotionale Entwicklung
978-3-941407-03-9 CD3 Inneres Lächeln und Reinigung (grün)

Energielinien im Körper
978-3-941407-04-6 CD4 Energiekreislauf Mittellinie (orange)

Potentiale Kräfte
978-3-941407-05-3 CD5 Sexualität-Heilende Laute (rot)
978-3-941407-06-0 CD6 Atem-Licht-Liebe (rot)

Kognitive Entwicklung
978-3-941407-07-7 CD7 Gedanken-Bewusstsein-Achtsamkeit (gelb)

Mensch Kosmos
978-3-941407-08-4 CD8 Planeten-Sechs Richtungen-Kosmisches
Lächeln (türkis)

ICH-WIR-ES
978-3-941407-09-1 CD9 Besinnungen-Meditationen (blau)
Tel. 09369 98 38-43

Die CD-Reihe ist für Schüler/innen und Lehrer/innen aller spirituellen Wege geeignet.
Die Übungen stammen aus dem Yoga und der modernen Körperarbeit, überwiegend aber aus der Meister-Tradition des Taoismus und des frühen Zen. Sie wurden dem praktischen Teil der Kurse über Integrale Spiritualität entnommen und stellen die Basis dar, auf der die von Frau Wolf vorwiegend am Benediktushof, Holzkirchen bei Würzburg, gelehrte individuelle Prozessarbeit aufbaut. Die CD-Reihe entstand auf Wunsch ihrer Schüler/innen. Eine vertiefende Ergänzung ist in Bearbeitung.